रघुवीर सहाय

जन्म : 9 दिसम्बर, 1929, लखनऊ।

शिक्षा : लखनऊ विश्वविद्यालय से 1951 से अंग्रेजी साहित्य में एम.ए.।

समाचार जगत में 'नवजीवन' (लखनऊ) से आरम्भ करके पहले समाचार विभाग, आकाशवाणी, नई दिल्ली में और फिर 'नवभारत टाइम्स' नई दिल्ली में विशेष संवाददाता और अनंतर 1969 से 1982 तक 'दिनमान' समाचार साप्ताहिक के प्रधान सम्पादक रहे। उसके बाद अपने अन्तिम दिनों तक स्वतंत्र लेखन करते रहे। 1988 में भारतीय प्रेस परिषद के सदस्य मनोनीत।

साहित्य के क्षेत्र में प्रतीक (दिल्ली), कल्पना (हैदराबाद) और वाक् (दिल्ली) के सम्पादक-मंडल में रहे। कविताएँ *दूसरा सप्तक* (1951), *सीढ़ियों पर धूप में* (1960), *आत्महत्या के विरुद्ध* (1967), *हँसो हँसो जल्दी हँसो* (1975), *लोग भूल गए हैं* (1982) *और कुछ पते कुछ चिट्ठियाँ* (1989) में संकलित हैं।

कहानियाँ *सीढ़ियों पर धूप में* (1960); *रास्ता इधर से है* (1972) और *जो आदमी हम बना रहे हैं* (1982) में और निबंध *सीढ़ियों पर धूप में, दिल्ली मेरा परदेस* (1976), *लिखने का कारण* (1978), *ऊबे हुए सुखी* और *वे और नहीं होंगे जो मारे जाएँगे, भँवर लहरें और तरंग* (1983), *अर्थात* (1994) में उपलब्ध हैं। इसके अलावा कई नाटकों और उपन्यासों के अनुवाद भी किए हैं।

सम्पूर्ण रचनाकर्म रघुवीर सहाय रचनावली में प्रस्तुत है।

'लोग भूल गए हैं' को 1984 का राष्ट्रीय साहित्य अकादमी पुरस्कार मिला। मरणोपरांत हंगरी के सर्वोच्च राष्ट्रीय सम्मान, बिहार सरकार के राजेन्द्र प्रसाद शिखर सम्मान और आचार्य नरेन्द्रदेव सम्मान से उन्हें सम्मानित किया गया।

देहान्त : 30 दिसम्बर, 1990

हँसो
हँसो
जल्दी हँसो

रघुवीर सहाय

राजकमल पेपरबैक्स

पहला पुस्तकालय संस्करण
नेशनल पब्लिशिंग हाउस द्वारा
1975 में प्रकाशित

राजकमल पेपरबैक्स में
पहला संस्करण : 2016
दूसरा संस्करण : 2018

राजकमल पेपरबैक्स : उत्कृष्ट साहित्य के जनसुलभ संस्करण

राजकमल प्रकाशन प्रा. लि.
1-बी, नेताजी सुभाष मार्ग, दरियागंज
नई दिल्ली-110 002
द्वारा प्रकाशित

शाखाएँ : अशोक राजपथ, साइंस कॉलेज के सामने, पटना-800 006
पहली मंजिल, दरबारी बिल्डिंग, महात्मा गांधी मार्ग, इलाहाबाद-211 001
36 ए, शेक्सपियर सरणी, कोलकाता-700 017

वेबसाइट : www.rajkamalprakashan.com
ई-मेल : info@rajkamalprakashan.com

बी.के. ऑफसेट
नवीन शाहदरा, दिल्ली-110 032
द्वारा मुद्रित

मूल्य : ₹150

HANSO HANSO JALDI HANSO
Poems by Raghuvir Sahay

ISBN : 978-81-267-2818-3

अपने उस अकेलेपन को
जो भय और साहस के बीच
कभी–कभी
वहाँ मिला करता है जहाँ
कोई जीवित मित्र आ नहीं पाता
सिर्फ़ उनकी याद आ सकती है
जो ठीक उसी जगह मारे गए थे।

निवेदन

इस पुस्तक का दूसरा संस्करण आपके हाथ में देते हुए मुझे कृतज्ञता का बोध होता है और मैं एक बार फिर पहचान पाता हूँ कि कविता एक सतत प्रक्रिया है।

इस प्रक्रिया में एक बार पड़ जाने के बाद फिर वापस लौटना नहीं होता। नए अनुभव करने ही होते हैं और उन्हें नए सिरे से समझना और बताना ही होता है : एक नई दुनिया बनाते रहना होता है और ऐसे कि जो बना चुके हैं, वह पुरानी होने पर भी उससे संगत रहे जो बनाई जा रही है। ये कविताएँ पढ़ी जा रही हैं, यह जानकर मैं इसीलिए एकसाथ सन्तुष्ट और सचेत होता हूँ और यह भी याद करता हूँ, कि कविता की यह प्रक्रिया अभी शेष नहीं हुई है। आगे क्या और कब लिखूँगा, यह नहीं कह सकता परन्तु लिखूँगा, यह उतना ही निश्चित है जितना यह कि लिख चुका हूँ।

इस संग्रह की कविताएँ इससे पिछले संग्रह 'आत्महत्या के विरुद्ध' के 1967 में प्रकाशन के बाद से लेकर 1974 तक की अवधि में लिखी गई हैं। संग्रह की शीर्षक-कविता 1972 में तथा कुछ अन्य कविताएँ इसके आगे-पीछे पत्रिकाओं में प्रकाशित हो चुकी हैं; किन्तु अधिसंख्य कविताएँ पहली बार संग्रह में ही प्रकाशित हुई हैं। 1975 में प्रकाशित होने के संयोग से यदि किसी को भ्रम हो कि इस संग्रह की कविताएँ आपत्कालीन स्थिति के दौरान लिखी गई थीं तो वह दूर हो जाना चाहिए।

आपत्कालीन स्थिति घोषित होने से पूर्व ही जो लोग एक लम्बे दौर में लोकतंत्र के क्षय के प्रमाण और आनेवाले संकट को पहचानते रहे थे, उनमें से यह कवि भी एक था और उसने जो पहचाना, वह तभी लिखा था। आपत्कालीन स्थिति के दौरान उसने कोई कविता नहीं लिखी। वह पहले की तरह आगे आनेवाले संकट को पहचानने में लगा रहा और अब भी लगा हुआ है।

22 सितम्बर, 1978

—रघुवीर सहाय

अनुक्रम

हा हा हा 13
जीने का खेल 14
दो अर्थ का भय 15
पानी पानी 17
आज का पाठ है 20
वह कौन था 22
आने वाला ख़तरा 23
बड़ा हो रहा है 24
औरत की ज़िन्दगी 25
भय 26
सेब बेचना 27
वे उसकी इज़्ज़त करते हैं 28
आपकी हँसी 29
संस्कृत 30
बचे रहो 31
लुटेरा 32
काबुल स्वप्न 33
क़िले में औरत 35
बड़ी हो रही है लड़की 36
हँसो हँसो जल्दी हँसो 38
रामदास 40
मुझे कुछ और करना था 42
सड़क पर रपट 44

46 पैदल आदमी
48 अन्धी पिस्तौल
49 अधिकार हमारा है
51 हिन्दू पुलिस
52 बाराबंकी
53 बुद्धिजीवी का वक्तव्य
54 अकेली औरत
55 प्रेम के लोग
56 लुभाना
57 रोया
58 नंगी औरत
59 दर्द
60 मेरा लड़का
61 टेलिविज़न
62 यूरोप में फ़िल्म घर में
64 उन्होंने कहा यह एक चाल है
66 अधूरे काम
68 तसवीर देखना
69 काला नंगा बच्चा पैदल
70 अतुकान्त चन्द्रकान्त
71 राष्ट्रीय प्रतिज्ञा
72 अकेली दुपहर
74 तैरते होटल में मस्ती के आठ दिन
77 आमार सोनार दिल्ली
79 चेहरा
86 फूलमाला हाथों में
88 ग़ुलाम स्वप्न
91 हैं
94 हा हा हा : स्वरलिपि

हँसो
हँसो
जल्दी हँसो

हा हा हा

हा हा हा
तुमने मार डाले लोग
हा हा हा

क्योंकि वे हँसे थे
तुमने मार डाले लोग
तुमने मार डाले लोग
हा हा हा

क्योंकि वे सुस्त पड़े थे
तुमने मार डाले लोग
तुमने मार डाले लोग
हा हा हा

क्योंकि उनमें जीने की आस नहीं रही थी
तुमने मार डाले लोग
तुमने मार डाले लोग
हा हा हा
तुमने मार डाले लोग

क्योंकि वे बहुत सारे लोग थे
इसी तरह के बहुत सारे लोग।

जीने का खेल

मुझे क्यों लग रहा है कि बच्चे घर में लौट आए
आँख मूँदे उनकी बोली उस वाले कमरे में
क्यों सुनने लगा हूँ मैं
मेरी कल्पना उनके सब संवाद तर्कसहित सुनती है

एक दिन
मेरे अपने जीवन में ही ख़त्म होने वाला
है यह खेल
इस घर की दीवार पर मेरी तसवीर होगी
बच्चे आएँगे पर मेरी कल्पना में नहीं—अपने
समय से आएँगे
और उनकी बोली में उनका तर्क नहीं होगा
जिसको आज सुनता हूँ।

दो अर्थ का भय

मैं अभी आया हूँ सारा देश घूमकर
पर उसका वर्णन दरबार में करूँगा नहीं
राजा ने जनता को बरसों से देखा नहीं
यह राजा जनता की कमज़ोरियाँ न जान सके इसलिए मैं
जनता के क्लेश का वर्णन करूँगा नहीं इस दरबार में

सभा में विराजे हैं बुद्धिमान
वे अभी राजा से तर्क करने को हैं
आज कार्यसूची के अनुसार
इसके लिए वेतन पाते हैं वे
उनके पास उग्रस्वर ओजमयी भाषा है

मेरा सब क्रोध सब कारुण्य सब क्रन्दन
भाषा में शब्द नहीं दे सकता
क्योंकि जो सचमुच मनुष्य मरा
उसके भाषा न थी

मुझे मालूम था मगर इस तरह नहीं कि जो
ख़तरे मैंने देखे थे वे जब सच होंगे
तो किस तरह उनकी चेतावनी देने की भाषा
बेकार हो चुकी होगी
एक नई भाषा दरकार होगी

जिन्होंने मुझसे ज़्यादा झेला है
वे कह सकते हैं कि भाषा की ज़रूरत नहीं होती
साहस की होती है
फिर भी बिना बतलाए कि एक मामूली व्यक्ति
एकाएक कितना विशाल हो जाता है
कि बड़े-बड़े लोग उसे मारने पर तुल जाएँ
रहा नहीं जा सकता

मैं सब जानता हूँ पर बोलता नहीं
मेरा डर मेरा सच एक आश्चर्य है
पुलिस के दिमाग़ में वह रहस्य रहने दो
वे मेरे शब्दों की ताक में बैठे हैं
जहाँ सुना नहीं उनका ग़लत अर्थ लिया और मुझे मारा

इसलिए कहूँगा मैं
मगर मुझे पाने दो
पहले ऐसी बोली
जिसके दो अर्थ न हों।

पानी पानी

पानी पानी
बच्चा बच्चा
हिन्दुस्तानी
माँग रहा है
पानी पानी

जिसको पानी नहीं मिला है
वह धरती आज़ाद नहीं
उस पर हिन्दुस्तानी बसते हैं
पर वह आबाद नहीं

पानी पानी
बच्चा बच्चा
माँग रहा है
हिन्दुस्तानी

जो पानी के मालिक हैं
भारत पर उनका कब्ज़ा है
जहाँ न दें पानी वाँ सूखा
जहाँ दें वहाँ सब्ज़ा है

अपना पानी
माँग रहा है
हिन्दुस्तानी

बरसों पानी को तरसाया
जीवन से लाचार किया
बरसों जनता की गंगा पर
तुमने अत्याचार किया

हमको अक्षर नहीं दिया है
हमको पानी नहीं दिया
पानी नहीं दिया तो समझो
हमको बानी नहीं दिया

अपना पानी
अपनी बानी हिन्दुस्तानी
बच्चा बच्चा माँग रहा है

धरती के अन्दर का पानी
हमको बाहर लाने दो
अपनी धरती अपना पानी
अपनी रोटी खाने दो

पानी पानी
पानी पानी
बच्च बच्चा
माँग रहा है

अपनी बानी
पानी पानी
पानी पानी
पानी पानी।

आज का पाठ है

आज का पाठ है : मृत्यु के साधारण तथ्य
अनेक हैं; मुख्य लिखो

वह सब को एक सी नहीं आती
न सब मृत्यु के बाद एक हो जाते हैं
वैसे ही जैसे पहले नहीं थे

लाश वह चीज़ है जो संघर्ष के बाद बच रहती है
उसमें सहेजी हुई रहती है : एक पिचकी थाली
एक चीकट कंघी और देह के अन्दर की टूट
सिर्फ़ एक चीख़ बाहर आती है जो कि दरअसल
एक अन्दरूनी मामला है और अभी शोध का विषय है

तब वह—चीख़ नहीं—लाश भेज दी जाती है छपाई के लिए
अन्त में वह देसी भाषा की एक कविताई बन जाती है
विश्वव्यापी अंग्रेज़ी में तर्जुमा के लिए

मै क्या कर रहा था जब मैं मरा
मुझसे ज़्यादा तो तुम जानते लगते हो
तुमने लिखा मैंने कहा था स्वाधीनता
शायद मैंने कहा था बचाओ

अब मैं मर चुका हूँ
मुझे याद नहीं कि मैंने क्या कहा था

जब एक महान संकट से गुज़र रहे हों
पढ़े-लिखे जीवित लोग
एक अधमरी अपढ़ जाति के संकट को दिशा देते हुए
तब
आप समझ सकते हैं कि एक मरे हुए आदमी को
मसख़री कितनी पसन्द है
पर
तब मैं पूछूँगा नहीं कि सौ मोटी गरदनें
झुकी हैं
बुद्धि के बोझ से
श्रद्धा से
कि लज्जा से
मैं सिर्फ़ उन सौ गंजी चाँदों पर टकटकी बाधे रहूँगा
—अपनी मरी हुई मशीनगन की टकटकी।

वह कौन था

वह जनसभा न थी राष्ट्रीय दिवस था
एक बड़े राष्ट्र का
कितने आरामदेह होते हैं अन्य बड़े राष्ट्रों के
राष्ट्रदिवस दिल्ली में
एक मंत्री भीड़ के बीच खोया सा सहसा मिल गया मुझे
देखते ही बोला—अच्छे हो!
मैंने कहा—हुज़ूर ने पहचाना!
तब कहने लगा जैसे यही पहचान हो—
तुम अभी संकट से मुक्त नहीं हुए हो
फिर जैसे शक हो गया हो कि भूल की—
क्षण भर घूरा मुझे
बोला—कल मेरे पास आना तब बाक़ी बताऊँगा

जाने कौन व्यक्ति था जिसको इसने मुझे समझा!

आने वाला ख़तरा

इस लज्जित और पराजित युग में
कहीं से ले आओ वह दिमाग़
जो ख़ुशामद आदतन नहीं करता

कहीं से ले आओ निर्धनता
जो अपने बदले में कुछ नहीं माँगती
और उसे एक बार आँख से आँख मिलाने दो

जल्दी कर डालो कि फलने फूलने वाले हैं लोग
औरतें पिएँगी आदमी खाएँगे—रमेश
एक दिन इसी तरह आएगा—रमेश
कि किसी की कोई राय न रह जाएगी—रमेश
क्रोध होगा पर विरोध न होगा
अर्ज़ियों के सिवाय—रमेश
ख़तरा होगा ख़तरे की घंटी होगी
और उसे बादशाह बजाएगा—रमेश।

बड़ा हो रहा है

बड़ा हो रहा है लड़का
उन औज़ारों के बिना
जिनसे वह बनाता और तोड़ता हुआ बड़ा होता
वह सिर्फ़ बड़ा हो रहा है।

औरत की ज़िन्दगी

कई कोठरियाँ थीं क़तार में
उनमें किसी में एक औरत ले जाई गई
थोड़ी देर बाद उसका रोना सुनाई दिया

उसी रोने से हमें जाननी थी एक पूरी कथा
उसके बचपन से जवानी तक की कथा।

भय

कितनी सचमुच है यह स्त्री
कि एक बार इसके सारे बदन का एक व्यक्ति बन गया है
उसके बाल अब घने काले नहीं
दुख उसे केशों का नहीं है
वह उदास नहीं डरी हुई है, अधेड़ है, औरत है
सुन्दर है
होनी की तसवीर एकदम उसके मन में चमक गई है इस क्षण
वह जवानी में बहुत कष्ट उठा चुकी है
अब वह थोड़े थोड़े लगातार स्नेह के बदले
एक पुरुष के आगे झुककर चलने को तैयार हो चुकी है
वह कुछ निर्दय पुरुषों को जानती है जिन्हें
उसका पति जानता है
और उसे विश्वास है कि उनसे वह पति के ही कारण
सुरक्षित है
वह हाथ रोककर एकटक देखती है हाथ
फिर पहले से धीमे कंघी को बालों में फेर ले जाती है उनके
सिरे तक।

सेब बेचना

मैंने कहा डपटकर
ये सेब दाग़ी हैं
नहीं नहीं साहब जी
उसने कहा होता
आप निश्चिन्त रहें
तभी उसे खाँसी का दौरा पड़ गया
उसका सीना थामे खाँसी यही कहने लगी।

वे उसकी इज़्ज़त करते हैं

वह बैठा है सुखी आदमी
जब वह हँसता है तो मन ही मन हँसता है
बाहर से लगता है वह मुसकरा रहा है

उसने अपने से घटिया लोगों को मित्र बनाया है
और उन्हें पहले से भी घटिया होने का मंत्र बताया है

वे उसकी इज़्ज़त करते हैं

उसको सब विख्यात जनों का कच्चा चिट्ठा मालूम है
उसे सुनता है पर निन्दा नहीं किसी की करता है
इससे सब निर्भय होकर रस लेते हैं

वे उसकी इज़्ज़त करते हैं।

आपकी हँसी

निर्धन जनता का शोषण है
कह कर आप हँसे
लोकतंत्र का अन्तिम क्षण है
कह कर आप हँसे
सब के सब हैं भ्रष्टाचारी
कह कर आप हँसे
चारों ओर बड़ी लाचारी
कह कर आप हँसे
कितने आप सुरक्षित होंगे
मैं सोचने लगा
सहसा मुझे अकेला पाकर
फिर से आप हँसे।

संस्कृत

सेनाएँ मार कर मनुष्य को
खोद कर ज़मीन को
डेरा डाल देती हैं
किसी तरह आम का पेड़ बच रहता है

दोनों सेनाएँ कहीं और जाकर लड़ने के लिए
समझौता करती हैं

तब ज़मीन ख़ाली कर जाने का समारोह
उसी पेड़ के तले होता है

उसी आम के नीचे बाँधकर मारा था
उन्होंने अठारह बरस के उन लड़कों को
हिन्दी बोलने वाले गाँव के लड़कों को
जो सेना को नहीं माने थे

उसी आम के नीचे आम के वृक्ष का
शास्त्रीय गुणगान करने आए हैं
वयोवृद्ध संस्कृतज्ञ।

बचे रहो

हज़ार कई हज़ार हज़ारों मर गए भूख से
    —ऐसा कहा
इतनी बड़ी संख्या बताई कि उतनी बड़ी
    आड़ हो गई
कि कोई देख नहीं पाया कि मैं
    उनमें नहीं था।

लुटेरा

कैसे उत्साह से
अपनी उन्नति की
ख़बर वह बताता है

बोलते बोलते
जैसे कि देश की
दरकी हुई धरती पर
कूदता कूदता
उससे कहीं बाहर
जान लेकर भागा जाता हो।

काबुल स्वप्न

पथरीला काबुल
पुलिस ने पकड़ा
जेब में पिस्तौल
मैंने दिखाया
उसने लिखा
छोड़ दिया
खँडहर में युद्ध हुआ
सब भागे
मैंने गोली दागी
बादशाह ज़ख़्मी हुआ
फिर दिखे एक के बाद एक
दोस्त जिन्हें कभी जाना था
एक ने जेल में मुझसे लम्बी बात की
वह औरत थी
ऊँचा जाँघिया पहने
घुटनों के बल बैठी
बोली यह झूठ है
कि तुम बरी होगे
झूठ नहीं मैंने कहा
पिस्तौल मैंने फेंकी थी
रेत में वह मिलेगी नहीं
और ख़ून साबित न होगा

मैं नहीं मालूम छूटा
या छूट निकला
एक परिवार में
टीन के डिब्बे
खाने पकाने के रक्खे थे
मशीन से ढाले कबाड़ की छत थी
फ़र्श में दो छेद थे
एक में आप मूत लें और दो टके दें
साथी ने कहा : यह एक यूरोपीय था
मैंने बच्चों की ओर पीठ कर मूता
सीढ़ी पर मिले दो जने
जिन्हें जैसे सब जानते थे
बँधे हुए गाहक रहे होंगे
मुझे याद आने लगा अपना घर
जहाँ मेरा बचपन बीता था
सब पुरखे जो कि मर चुके थे
मैंने ज़िन्दा देखे
वे चकित थे कि मैं
क्यों काबुल गया क्रान्ति करने।

क़िले में औरत

उस घर में बीस औरतें थीं
उनमें थी सिर्फ़ एक बुढ़िया
प्यारी बुढ़िया प्यारी बुढ़िया
वे धोती थीं वे मलती थीं वे हँसती थीं
वे घुसती और दुबकती थीं
वे माँग जिस समय भरती थीं
तब कितना धीरज धरती थीं
वे सब दुपहर में एक क़िले पर
पहरा देती सोती थीं
वे ठिंगनी थीं वे दुबली थीं
वे लम्बी थीं वे गोरी थीं
वे कभी सोचती थीं चुपचाप न जाने क्या
वे कभी सिसकती थीं अपने सब के आगे

उस दिन बुढ़िया बीमार पड़ी
मर्दों ने कहा औरतों की बीमारी है
वह बुढ़िया औरत के रहस्य—
उन बीस जनों के औरतपन—की गठरी बन
कोने में खटिया पर जा करके पहुड़ रही
वह पहुड़ी रही साल भर तक फिर गुज़र गई
औरतें उठीं घर धोया मर्द गए बाहर
अरथी लेकर।

बड़ी हो रही है लड़की

जब वह कुछ कहती है
उसकी आवाज़ में
एक कोई चीज़
मुझे एकाएक औरत की आवाज़ लगती है जो
अपमान बड़े होने पर सहेगी

वह बड़ी होगी
डरी और दुबली रहेगी
और मैं न होऊँगा
वे किताबें वे उम्मीदें न होंगी
जो उसके बचपन में थीं
कविता न होगी साहस न होगा
एक और ही युग होगा जिसमें ताक़त ही ताक़त होगी
और चीख़ न होगी

लम्बी और तगड़ी बेधड़क लड़कियाँ
धीरज की पुतलियाँ
अपने साहबों को सलाम ठोंकते मुसाहबों को ब्याह कर
आ रही होंगी जा रही होंगी
वह खड़ी लालच में देखती होगी उनका क़द

एक कोठरी होगी
और उसमें एक गाना जो ख़ुद गाया नहीं होगा किसी ने
क़ैदी से छीन कर गाने का हक़ दे दिया गया होगा वह गाना
कि उसे जब चाहो तब नहीं जब वह बजे तब सुनो
बार बार एक एक अन्याय के बाद वह बज उठता है

वह सुनती होगी मेरी याद करती हुई
क्योंकि हम कभी कभी साथ साथ गाते थे
वह सुर में मैं सुर के आसपास

एक पालना होगा
वह उसे देखेगी और अपने बचपन की यादें आएँगी
अपने बचपन के भविष्य की इच्छा
उन दिनों कोई नहीं करता होगा
वह भी न करेगी।

हँसो हँसो जल्दी हँसो

हँसो तुम पर निगाह रखी जा रही है

हँसो अपने पर न हँसना क्योंकि उसकी कड़वाहट
पकड़ ली जाएगी और तुम मारे जाओगे
ऐसे हँसो कि बहुत ख़ुश न मालूम हो
वरना शक होगा कि यह शख़्स शर्म में शामिल नहीं
और मारे जाओगे

हँसते हँसते किसी को जानने मत दो किस पर हँसते हो
सब को मानने दो कि तुम सब की तरह परास्त होकर
एक अपनापे की हँसी हँसते हो
जैसे सब हँसते हैं बोलने के बजाय

जितनी देर ऊँचा गोल गुम्बद गूँजता रहे, उतनी देर
तुम बोल सकते हो अपने से
गूँज थमते थमते फिर हँसना
क्योंकि तुम चुप मिले तो प्रतिवाद के जुर्म में फँसे
अन्त में हँसे तो तुम पर सब हँसेंगे और तुम बच जाओगे

हँसो पर चुटकुलों से बचो
उनमें शब्द हैं
कहीं उनमें अर्थ न हों जो किसी ने सौ साल पहले दिये हों

बेहतर है कि जब कोई बात करो तब हँसो
ताकि किसी बात का कोई मतलब न रहे
और ऐसे मौकों पर हँसो
जो कि अनिवार्य हों
जैसे ग़रीब पर किसी ताक़तवर की मार
जहाँ कोई कुछ कर नहीं सकता
उस ग़रीब के सिवाय
और वह भी अक्सर हँसता है

हँसो हँसो जल्दी हँसो
इसके पहले कि वह चले जाएँ
उनसे हाथ मिलाते हुए
नज़रें नीची किए
उसको याद दिलाते हुए हँसो
कि तुम कल भी हँसे थे।

रामदास

चौड़ी सड़क गली पतली थी
दिन का समय घनी बदली थी
रामदास उस दिन उदास था
अन्त समय आ गया पास था
उसे बता यह दिया गया था उसकी हत्या होगी

धीरे धीरे चला अकेले
सोचा साथ किसी को ले ले
फिर रह गया, सड़क पर सब थे
सभी मौन थे सभी निहत्थे
सभी जानते थे यह उस दिन उसकी हत्या होगी

खड़ा हुआ वह बीच सड़क पर
दोनों हाथ पेट पर रखकर
सधे क़दम रख करके आए
लोग सिमट कर आँख गड़ाए
लगे देखने उसको जिसकी तय था हत्या होगी

निकल गली से तब हत्यारा
आया उसने नाम पुकारा
हाथ तौलकर चाक़ू मारा

छूटा लोहू का फ़व्वारा
कहा नहीं था उसने आख़िर उसकी हत्या होगी

भीड़ ठेलकर लौट गया वह
मरा पड़ा है रामदास यह
देखो देखो बार बार कह
लोग निडर उस जगह खड़े रह
लगे बुलाने उन्हें जिन्हें संशय था हत्या होगी।

मुझे कुछ और करना था

मुझे कुछ और करना था
पर मैं कुछ और कर रहा हूँ
मुझे और कुछ करना था इस अधूरे संसार में मुझे
कुछ पूरा करना था मकान मालिक से वायदे के अलावा मुझे
इस डरावने समाज में रहकर चीख़ते रहने के अलावा कुछ
और मुझे
करना था इस ठसाठस भरे कमरे में हाथ में तश्तरी लिये
खड़े खड़े
खाते रहने के अतिरिक्त—रिक्त तश्तरी के अतिरिक्त—
तोड़ना था मुझे
बहुत कुछ इसी वर्ष
पर मैं बना रहा हूँ शीशे के सामने हजामत

गाना था गरजना था हँसना था मुझे शायद
कहीं शायद जाना था
सालन पकाना था समेट कर आस्तीन
हौंक कर डराना था अकड़ू को
और भी बुलकारना था बड़बोले को
ललकारना था मुझे बाँके को
गोद में लेकर सुलाना था अपने हाथों पीटे हुए बच्चे को

मुझे कुछ और करना था हाँफते हुए नमस्ते करने के अलावा
    आज सुबह
चकित नहीं रह जाना था मुझे देखकर
चालीस के आसपास का समाज
पर मैं चकित हूँ कि कब हो गए सब सफल लोग सफल

मैंने रोज़ रोज़ देखी एक बड़ी जाति के जबड़े में जाती एक
    छोटी आस था
पाँच राज्य के अकाल में जीवित रह जाने की शर्म ढोते हुए
मुझे कुछ करना था
पर मैं पुस्तकालय में बैठा हूँ
एक बार खोजता हूँ एक परिचित मुँह एक बार लपककर
    फिर
एक मोटी किताब
जानना था जानना था जानना था
किस वक़्त देश का कामकाज हमउम्र लोगों के हाथ आ
    गया
पर मैंने जाना कि यह समाज
विद्रोही वीरों का दीवाना है विरोध का नहीं।

सड़क पर रपट

देखो सड़क पार करता है पतला दुबला बोदा आदमी
आती हुई टरक का इसको डर नहीं
या कि जल्दी चलने का इसमें दम नहीं रहा
आँख उठा देखता है वह डरेवर को
देखो मैं ऐसे ही चल पाता हूँ

मैंने इस तरह के आदमी इस बरस पिछले के मुक़ाबले बहुत
    देखे
जिनको खाने को पूरा नहीं मिला बरस भर
कैसे भी पहुँच जाते हैं दफ़्तर वक़्त से
घर लौट आते हैं देर सबेर घरवालों को कभी अस्पताल
    में पड़े नहीं मिलते हैं

मैंने इस वर्ष देखे एक ख़ास क़िस्म के नौजवान रँगेचुंगे
    चुस्त
उठाकर अँगूठा रोकते हुए मोटर
    सवारी का हक भाईचाराना माँगते
इस वर्ष कारें भी बढ़ीं नौजवान भी
इस वर्ष मैंने देखा बल्कि एक दिन देखा
एक दिन अस्पताल एक दिन स्कूल के सामने
खड़ा हुआ एक लँगड़ा बूढ़ा एक दिन नन्हा लड़का पार
जाने को एक एक घंटे इन्तज़ार में

कि कोई कारवाला गाड़ी धीमी करे
इस वर्ष मैंने और भी देखा
कुत्ते जगह जगह कुचले
वे ठिठक गए थे जहाँ थे बीच रास्ते पर
उनके न ताक़त थी उनके न इच्छा थी कि दौड़कर बच जाएँ

यह रपट यहीं ख़त्म होती है चाहे एक मामूली बात और
जोड़ लें
कि इस वर्ष मैंने और अधिक मोटर मालिक देखे नियम
तोड़ कर
बाएँ हाथ से अगली गाड़ी से अगिया जाते हुए

उन लड़कों का यहाँ ज़िक्र तक नहीं किया गया
जो इन्हें देखकर ख़ून का घूँट पीकर रह जाते हैं
क्योंकि उनमें से कोई दुर्घटना में शामिल नहीं हुआ।

पैदल आदमी

जब सीमा के इस पार पड़ी थीं लाशें
तब सीमा के उस पार पड़ी थीं लाशें
सिकुड़ी ठिठरी नंगी अनजानी लाशें

वे उधर से इधर आ करके मरते थे
या इधर से उधर जा करके मरते थे
यह बहस राजधानी में हम करते थे

हम क्या रुख़ लेंगे यह इस पर निर्भर था
किसका मरने से पहले उनको डर था
भुखमरी के लिए अलग अलग अफ़सर था

इतने में दोनों प्रधानमंत्री बोले
हम दोनों में इस बरस दोस्ती हो ले
यह कह कर दोनों ने दरवाज़े खोले

परराष्ट्र मंत्रियों ने दो नियम बताए
दो पारपत्र उसको जो उड़ कर आए
दो पारपत्र उसको जो उड़ कर जाए

पैदल को हम केवल तब इज़्ज़त देंगे
जब देकर के बन्दूक उसे भेजेंगे
या घायल से घायल अदले बदलेंगे

पर कोई भूखा पैदल मत आने दो
मिट्टी से मिट्टी को मत मिल जाने दो
वरना दो सरकारों का जाने क्या हो!

अन्धी पिस्तौल

सुरक्षा अधिकारी सेनाधिपति के
घूर कर देखते हैं मेरा चेहरा
बहुत दिनों से उन्होंने नहीं देखा है मेरा चेहरा
धीरे धीरे कम होती गई है मेरी और सेनाधिपति की
बातचीत
इसलिए मैं सिपाहियों की निगाह में अजनबी हो गया हूँ

ये सिपाही भी कोई दूसरे हैं
पहले जो थे कुछ अदब करते थे
मेरा भी और उनका भी
अब जो हैं इतने उजड्ड हैं कि मैं
सेनाधिपति के लिए चिन्तित हूँ

वे वरदी नहीं पहने हैं सिर्फ़ कमीज़ पतलून
उसके नीचे वे सौ फ़ीसदी हिन्दुस्तानी हैं

उन्हें वरदी पहनाई गई होती तो अच्छा रहता
अब जब वे पिस्तौल निकालेंगे कितना अचरज होगा
और किस पर दागेंगे यह देख कर तो
और भी ज़्यादा।

अधिकार हमारा है

इस जीवन में
मैं प्रधानमंत्री नहीं हुआ
इस जीवन में मैं प्रधानमंत्री के पद का
उम्मीदवार भी शायद हरगिज़ नहीं बनूँ
पर होने का अधिकार हमारा है
भारत का भावी प्रधानमंत्री होने का
अधिकार हमारा है

तुम हँस सकते हो हँसो कि हाँ हाँ
हो जाओ अधिकार तुम्हारा है
तो सुनो कि हाँ अधिकार हमारा है

भारत के कोई कोने में
मर कर बेमौत जनम लेकर
भारत के कोई कोने में
खोजता रहूँगा वह औरत
काली नाटी सुन्दर प्यारी
जो होगी मेरी महतारी

मैं होऊँ मेरी माँ होवे
दोनों में से कोई होवे

अधिकार हमारा है
भारत का भावी प्रधानमंत्री
होने का अधिकार हमारा है।

हिन्दू पुलिस

बूढ़े सुकुल का जब अन्त समय आया
गिरते गिरते उसके शव ने मुँह बाया
सठिआया अपाहिज कुछ समझ नहीं पाया

सुना था जहाँ पर है कन्याकुमारी
दूर उसी दक्षिण से जब पहली बारी
गया आया हिन्दू तो गोली क्यों मारी

आँखें फाड़े सुकुल यह रहस्य देखता
उत्तर दक्षिण के 36 भये देवता
केन्द्रीय रिज़र्व पुलिस भारत की एकता।

बाराबंकी

मैंने कहा : ज़िन्दाबाद
दल के दल लोग बोले : ज़िन्दाबाद
बोले : कार्यक्रम क्या है?
मैंने कहा : डर और हिम्मत
बोले : नीति क्या है?
मैंने कहा : खोज?
बोले : नीति किसकी है?
मैंने कहा : क्या?
बोले : नहीं किस विचारक की
मैंने कहा : क्या?
बोले : यदि तुम्हें नहीं पता कि तुम विश्व के
राष्ट्रों में किसके समर्थक हो
तो तुम पर बाराबंकी की जनता विश्वास ही क्यों करे?

बुद्धिजीवी का वक्तव्य

मरने की इच्छा समर्थ की इच्छा है
असहाय जीना चाहता है
आओ सब मिलकर उसे बस जीवित रखें

सब नष्ट हो जाने की कल्पना
शासक की इच्छा है
आओ हम सब मिलकर
उसे छोड़ बाक़ी सब नष्ट करें

सुन्दर है सर्वनाश
वही सर्वहारा के कष्टों को सार्थक करता है
और हमारे कष्टों को मनोरंजक भी।

अकेली औरत

मोहन बीमार पड़ा
कमला को लगा कि वह अब सारी दुनिया को
छोड़कर उसके पास आया है

दो दिन ऐसा रहा
फिर मोहन रोग के एकान्त के भीतर
और कहीं चला गया
फिर अकेली रह गई कमला।

प्रेम के लोग

हम जिस अनजान चीज़ को
प्रेम कहते हैं
वह कुछ लोग हैं
उन्हें हम और तुम चाहते हैं
वे लोग चले जाएँ अपने अपने रास्ते
तो दो हो जाएँ हमारे तुम्हारे रास्ते।

लुभाना

बड़ी किसी को लुभा रही थी
चालिस के ऊपर की औरत
घड़ी घड़ी खिलखिला रही थी
चालिस के ऊपर की औरत
खड़ी अगर होती वह थककर
चालिस के ऊपर की औरत
तो वह मुझको सुन्दर लगती
चालिस के ऊपर की औरत
ऐसे दया जगाती थी वह
चालिस के ऊपर की औरत
वैसे काम जगाती शायद
चालिस के ऊपर की औरत।

रोया

मैंने जमा कीं
नौ जवान
या दस बेबस लड़कियाँ
और उन्हें चिपके कपड़े पहना दिये
फिर मैं रोया उनके स्तनों की असली शक्ल देखकर।

नंगी औरत

नाटक शुरू होने के पहले सहसा मैंने
पहचाना एक अधेड़ औरत का दर्द
वह मुझे घूरे जाती थी

क्या तुम मानोगी कि दुगन में बजता तबला
अश्लील है
अगर उस पर अपने को थिरकते देखो।

दर्द

देखो शाम घर जाते बाप के कन्धे पर
बच्चे की ऊब देखो
उसको तुम्हारी अंग्रेज़ी कह नहीं सकती
और मेरी हिन्दी
कह नहीं पाएगी
अगले साल।

मेरा लड़का

मैंने देखा मेरे एक बड़ा लड़का था
परदेश में था वह
जिस दिन उसे आना था नहीं आया
फिर सहसा जाना कि वह कभी था ही नहीं।

टेलिविज़न

मैं सम्पन्न आदमी हूँ है मेरे घर में टेलिविज़न
दिल्ली और बंबई दोनों के बतलाता है फ़ैशन
कभी कभी वह लोकनर्तकों की तसवीर दिखाता है
पर यह नहीं बताता है उनसे मेरा क्या नाता है
हर इतवार दिखाता है वह बंबइया पैसे का खेल
गुंडागर्दी औ' नामर्दी का जिसमें होता है मेल
कभी कभी वह दिखला देता है भूखा नंगा इनसान
उसके ऊपर बजा दिया करता है सारंगी की तान

कल जब घर को लौट रहा था देखा उलट गई है बस
सोचा मेरा बच्चा इसमें आता रहा न हो वापस
टेलिविज़न ने ख़बर सुनाई पैंतीस घायल एक मरा
ख़ाली बस दिखला दी ख़ाली दिखा नहीं कोई चेहरा
वह चेहरा जो जिया या मरा व्याकुल जिसके लिए हिया
उसके लिए समाचारों के बाद समय ही नहीं दिया

तब से मैंने समझ लिया है आकाशवाणी में बनठन
बैठे हैं जो ख़बरों वाले वे सब हैं जन के दुश्मन
उनको शक था दिखला देते अगर कहीं छत्तीस इनसान
साधारण जन अपने अपने लड़के को लेता पहचान
ऐसी दुर्भावना लिये है जन के प्रति जो टेलिविज़न
नाम दूरदर्शन है उसका काम किन्तु है दुर्दशन।

यूरोप में फ़िल्म घर में

पास बैठी औरत मैं छू नहीं सकता
परदे पर पुरुष देख उसकी सिसकारी सुन पाता हूँ
अपने मुंशी पति पर गुस्सा छिपाने में
एक अधेड़ बीवी जाँघ ठोककर हँसती है
बदला ले रही है एक कल की छोकरी
नोचकर छोकरे की नंगी पीठ और
उसे ऊपर आने से रोके हुए भी है

फेंककर मारे आपस में लोगों ने ताज़े अंडों के सजे फूल
रंगबिरंगे जूठन के सागर पर तैर आईं बोतलें
एक बूँद बदन की बू अपने में बन्द किए
चुम्मों के बीच चुइंगगम चुभलाती हुई गोरी ग़ुलाम
गरदनें फ़िल्म के भीतर से देखती हुई जाती हैं परदे के
भीतर

एकाएक फ़िल्म अवाक् हो गई है

एक के बाद एक जाते रहते हैं होंठ खोले चेहरे
कामातुर होने की नकल किए

झुंड के झुंड बछड़े
बाँ बाँ बाँ बायें दमामा

दायें झाँझ साँस गरम मांस नरम मादाओं के हरम में
एक शामिला मिलावटी शरम
एक बड़ी देग़ को पोंछता हुआ हाथ
खाता हुआ चमड़ा चबाता हुआ जबड़ा उठा
(आवाज़ें मेरी हैं)
नि:शब्द उसने
सारा परदा ढँक लिया।

उन्होंने कहा यह एक चाल है

वह प्यार करती थी
पर जब कुछ दिन गए
मुझसे डरने लगी
मेरे द्वारा राज्य से डरने लगी जिसमें हम दोनों हैं
वह दौड़ी हुई मुझसे कहने आती है
कि मैंने घर का सारा काम कर दिया है
वह दिन भर जोड़कर रखती है
वह सब जो महामंत्री ने दिन भर तोड़ा है देश में
हाँ उसके हाथ खुरदरे हो गए हैं पाँव फट गए हैं

वह सोचे बैठी है कि इस तरह घर बचा रहेगा
क्योंकि मैंने उससे छिपाया है कि मेरे पास
उसके क़त्ल का हुक्म कब का आ चुका है

मैंने कहा था मुझे मार डालो
और उसकी जान बख़्श दो
पर उन्होंने कहा यह एक चाल है

नरनारी सम्बन्ध का अध्ययन करने वाले विभाग के
संगणक की यही राय थी
हम दोनों के भेदों का ब्यौरा
उसमें हमारे पड़ोसी ने डाला था

इस सेवा के बदले उसने अपनी बीवी को
बचा रखना चाहा था
वंह उसे बचा सका
पर ख़ुद मारा गया

उसके क़त्ल का हुक्म उसकी बीवी को था।

अधूरे काम

ख़ैराती अस्पताल
बूढ़ा बीमार है
पास में छोटे छोटे
पुत्र चार पाँच हैं
पुत्र जानते नहीं
पिता मर रहा है

कई बार जीवन में
पिता पिट चुका है
आज उसे अपने पर
झुँझलाहट आई है
दुनिया से जो पिछले
सात आठ बरसों से
एकाएक उसके प्रति
निर्दय हो गई
वह बदला ले लेता
किसी तरह एक बार

मौत पास आ गई
वह विचलित हो गया
बच्चों पर झल्लाया
गुस्सा उतरने से

पहले उसे होश आया
मरने से पहले उसे
माफ़ी माँगनी होगी
इतने में मौत
एकदम पास आ गई

सारे अधूरे काम
नई पीढ़ी करती है
अपने पिता को माफ़
नई पीढ़ी करती है।

तसवीर देखना

एक दिन अपने
आप बनी हुई पंक्ति में
बैठे हुए कुछ लोग
इन्तज़ार करते थे

मैंने उनकी फ़ोटो
खींच ली

वह सीधी पीठ वाली
बड़े जूड़े की रेखा

और तमाम अनजाने
लोग साफ़ साफ़ आए

फिर कभी फ़ोटो निकालकर
देखूँगा

अपना बेगानापन
पहचानने के लिए।

काला नंगा बच्चा पैदल

काला नंगा बच्चा पैदल बीच सड़क पर जाता था
और सामने से कोई मोटर दौड़ाए लाता था
तभी झपटकर मैंने बच्चे को रस्ते से खींच लिया
मेरे मन ने कहा कि यह तो तुमने बिलकुल ठीक किया
वहीं देखकर एक भिखारी मैंने उससे यों पूछा
क्या यह साथ तुम्हारे है ? वह पल भर ठिठका बोला हाँ
फिर कुछ आशा से बतलाने लगा कि साहब इसकी माँ
गुज़र गई है इसके दो भाई भी मैंने दिये गँवा
मैं अपने से पूछ रहा हूँ मैं यह सुनकर क्यों भागा
क्यों एकदम सो गया वह कि जो था मुझमें एकदम जागा।

अतुकान्त चन्द्रकान्त

चन्द्रकान्त बावन में प्रेम में डूबा था
सत्तावन में चुनाव उसको अजूबा था
बासठ में चिन्तित उपदेश से ऊबा था
सरसठ में लोहिया था और...और क्यूबा था
फिर जब बहत्तर में वोट पड़ा तो यह मुल्क नहीं था
हर जगह एक सूबेदार था हर जगह सूबा था

अब बचा महबूबा पर महबूबा था कैसे लिखूँ।

राष्ट्रीय प्रतिज्ञा

हमने बहुत किया है
हम ही कर सकते हैं
हमने बहुत किया है
पर अभी और करना है
हमने बहुत किया है
पर उतना नहीं हुआ है
हमने बहुत किया है
जितना होगा कम होगा
हमने बहुत किया है
जनता ने नहीं किया है
हमने बहुत किया है
हम फिर से बहुत करेंगे
हमने बहुत किया है
पर अब हम नहीं कहेंगे
कि हम अब क्या और करेंगे
और हमसे लोग अगर कहेंगे कुछ करने को
तो वह तो कभी नहीं करेंगे।

अकेली दुपहर

उस दुपहर की बात याद है
शहर आन्ध्र का एक अजनबी
पैदल लम्बी लम्बी सड़कें
वही गन्दगी वही सजावट

पर कुछ नया नया लगता था
बचपन और परायापन भी
चलते चलते आँखें खोले
बेमतलब थकते जाना भी

सहसा ठहर गया परदेसी
उसे याद आए कुछ रुपए
जो थे उसके पास कि जिनसे
उसे भरोसा अपने पर था

उनसे आ सकती थी बोतल
छोटी सी सस्ती शराब की
वह अनजाने खड़ा हुआ था
शराबख़ाने के दरवाज़े

ज़ोर लगाकर अपने भीतर
उसने इस ख़तरे को टाला
उसने बोतल नहीं ख़रीदी
वह आगे चल दिया कहीं को।

तैरते होटल में मस्ती के आठ दिन

एम. एम. टी. वरुणदेव
विश्व का विलासपोत अनुपम सम्पन्नतम
यूनान की कातोरिकालीस कम्पनी से भाड़े पर लाया गया है

आप ही की ख़ातिर

सागरविहार के वास्ते
पाँच स्टार होटल के सारे साज़ सामान इसमें हैं
भारत में पहली बार सागरविहार अब शुरू होगा

यही है वह जहाज़ एक बार नहीं सात बार
बम्बई के अन्दर से एक होटल तैर कर जाएगा
इसमें केन्द्रीय अनुकूलवात मिलेगा
तीन मदिरालय जहाँ पाँच महाद्वीपों के विविध मद्य मिलेंगे

दो दो आरामगाह पसरे पड़े रहने को
और एक दीवाने ख़ास
महलों के राजसी भोजों के योग्य उपलब्ध है
और खुले आकाश के नीचे तालाब
चाहे धूप में नहाए चाहे चाँदनी में
आपके ठहरने का कमरा भी इसी अमीराना अन्दाज़ से
सजा होगा

जैसा बाक़ी कुछ है

पूरा फ़र्श ढाँके हुए क़ालीन
संगीत के बटन के दबाते ही संगीत
नम्बर घुमाते ही टेलीफ़ोन
और जहाज़ के अपने टेलिविज़न केन्द्र से
हर समय टेलिविज़न

और उधर जाएँ तो पाएँगे रंगमंच
पुस्तकालय वाचनालय
चुंगीमुक्त दुकान
मालिश घर हम्माम
भारत के लोकनृत्य
और योगासन सिखाने का इन्तज़ाम भी होगा
और एक ज्योतिषी रहेगा कि सुखद भाग्य बतलाए
जलविहार के पथ में कहाँ कहाँ जाएँगे
सो भी सुन लीजिए
द्वीपों में अद्‌भुत अज्ञात द्वीप लक्षद्वीप
जहाँ आज तक कोई सभ्यता गई नहीं
जिससे वहाँ जो है अछूता है
आप उसे पहली बार भोगेंगे

वास्तव में लक्षद्वीप की आदिम जनता ने
कोई आलीशान जलयान नहीं देखा है
इससे तैयार रहें
बहुत बड़ा स्वागत दल कितने उल्लास से
उमड़कर आएगा सागर के तट पर
अपने विचित्र वस्त्र धारकर
गोवा भी जाएँगे

सन्त ज़ेवियर देखें
श्रीलंका जाएँगे
बौद्ध मन्दिर देखें
मत भूलें भारत के सर्वप्रथम जलविहार के इस आयोजन में
आप चुने चुने बड़े लोगों के साथ होंगे
हालाँकि ख़र्च ऐश्वर्य के आठ दिनों के बदले
ऐसा कुछ बहुत नहीं

जल्दी नाम लिखवा लें कि अवसर अनूठा है
कि कुल साढ़े चार सौ सीटों में बस पचास
हिन्दुस्तानियों के वास्ते सुरक्षित हैं।

आमार सोनार दिल्ली

जो लड़की वह खड़ी है कमज़ोर
साँस लेती भारी बस्ता लिये
काले पाँवों ठिठक कर
क्या तुम उसके सिर पर लदी
उसके माँ बाप की तरसती
ज़िन्दगी देख सकते हो
एक क्षण में?

आमार सोनार दिल्ली में मक्खन का
विज्ञापन
जिन दिन
तफ़रीहन आदतन खाने वाले
बच्चों के लिए छपता है
उसी दिन
उसी समय
क्या तुम उसकी नृशंसता देख सकते हो?

नहीं
तो क्या साहस की बंबइया फ़िल्म
जो दिल्ली में बनती है
तुम उसमें संवाद
या गीत लिख दे सकते हो

—यही कि मैं शिशु सहित माँ के
साथ हूँ साथ हूँ साथ हूँ साथ हूँ
बशर्ते कि बलात्कार से माँ
और बन्दूक़ से बच्चा
अपने को बचा ले।

चेहरा

चेहरा क़ितनी विकट चीज़ है
जैसे जैसे उम्र गुज़रती है वह या तो
एक दोस्त होता जाता है या तो दुश्मन

देखो सब चेहरों को देखो
पहली बार जिन्हें देखा है
उन पर नज़र गड़ा कर देखो
तुमको ख़बर मिलेगी उनसे
अख़बारों से नहीं मिलेगी

सब जाने पहचाने चेहरे
जाने कितनी जल्दी में हैं
कतराते हैं मुड़ जाते हैं
नौजवान हँसता है कह कर
ठीक सामने 'तो मेरा क्या'

लोग देखते खड़े रहे सब
पहने सुन्दर सुथरे चेहरे
हँस करके पूछने लगे फिर
अगर वही हो तुम जिससे तुम
लड़ते हो तो लड़ते क्यों हो

बोले थे अभी आप जाने क्या
सबको सुनाई दिया हा हा हा
आपके विचार में तर्क है धमकी है
तर्क करने पर दंड देने की धमकी है
आप जासूस हैं आप हैं डरावने
आप विश्वास से देख रहे सामने

झुर्रियाँ डरा हुआ दुबला साँवला चेहरा
बस से उतरी हुई भीड़ में एक एक कर देखा वह नहीं था
पिछली बार बहुत देर पहले उसे अच्छी तरह देखा था
रोज़ आते जाते हैं बस में लोग एक दिन ख़त्म हो जाते हैं
या कि ख़त्म नहीं होते चुपचाप
मरने के लिए कहीं दुबक जाते हैं

एकाएक चौंक कर डूबे किताब में आदमी ने फ़ोन किया
गणतंत्र दिवस की परेड का मेरा पास कहाँ है
वह पढ़ा लिखा पुरुष पुलिस को देखने
जाएगा जिससे उसे राजपुरुष देख लें

दफ़्तर में दल के गया वे जमे बैठे थे
तने हुए जितना वे तन सकते थे मोटे शरीर
उनके तले शक्ति थी दबी हुई जनता की
उस शक्ति की पीड़ा उनके चेहरे पर थी
जब वे एक लम्बी पाद पादे राहत मिली

खेत में सजी हुई क्यारियाँ थीं
उनमें पानी भरा था
मैंने हाथ से उन्हें पटीला

अँखुए झाँकते दिखाई दिये
सपना था यह
धीरे से बदल गया

अब मुझे याद नहीं शायद मेरी बीवी थी
खुले बाल दूर देखती हुई दौड़ी आती थी
दौड़ता आया लड़का हाँफता हाथ में...आप इसे
पीछे भूल गए थे मुझसे कहा
दौड़ने में उसका चेहरा सफ़ेद पड़ गया था
आँखें फट रही थीं क्योंकि उसके तन में
काफ़ी ख़ून नहीं था

जो शरीर सूखे मरे पाए गए
उनमें जाने कितने कलाकारों के थे
उनकी कोई रचना छिपी नहीं थी बल्कि
उनकी कोई रचना हुई नहीं थी क्योंकि
अभी उन्हें करनी थी
दो हज़ार वर्ष के अत्याचार के नीचे से उठ कर
उन्हें एक दिन करनी थी रचना
इसके पहले ही वे मारे गए
इस वर्ष पिछले वर्ष की तरह

सभा में बैठा था हिन्दी का लेखक
राजा ने कहा कि मेरे भाषण के बाद
इसका कोई हिन्दी में उल्था कर देगा
लेखक अपनी जगह बैठा डरने लगा
अनुवाद करने को उसे कहा जाएगा
क्योंकि वह हिन्दी का लेखक है

लेकिन अध्यक्ष हिन्दी वाले थे
कहा कोई बात नहीं
बाकी भाषण हिन्दी में होंगे
अब पचास मिनट बचे और पन्द्रह वक्ता हैं
बोल लें हिन्दी पाँच पाँच मिनट

लोगों को जब मारो तो वे हँसते हैं
कि वाह कितना मेरा दर्द पहचाना
बहुत दिन हो गए जिनसे मिले हुए
उनमें से बहुत से अब मिलने के क़ाबिल नहीं रहे
वे इतने बूढ़े हो चुके हैं कि उन्हें अब भविष्य के
किसी मसले पर मुझसे कोई बात करने को
नहीं रह गई है
वे क्रोध में कहते हैं कुछ अनर्गल जो
मैं समझ पाता नहीं सत्य या असत्य है
जब मैंने कहा कि यह फ़िल्म घातक है
इसमें मनुष्य को झूठा दिखाया है
तो प्रधानमंत्री नाराज़ हुए—यह व्यक्ति मेरे विरुद्ध है

छोटे क़द के बूढ़े जब अमीर होते हैं
कितने दुष्ट लगते हैं
हँसमुख जब रहते हैं
बूढ़े होने के साथ थकती है बुद्धि
किन्तु देह में बल है
इससे भय लगता है

जीने का अच्छा ढंग बूढ़े होते होते क्षय होते जाना है
किन्तु लोग देह स्वस्थ रखने पर बहुत जोर देते हैं
काले कुम्हलाए हुए काले रंग वाले नौजवानों की एक

सभा में बैठा है बूढ़ा जिसे राज्यसभा में अच्छे स्वास्थ्य
के बल पर हिस्सा मिलने की उम्मीद है

कुछ चेहरों को हम सुन्दर क्यों कहते हैं
क्योंकि वे ताक़तवर लोगों के चेहरों से दो हज़ार साल से
मिलते जुलते चले आते हैं
सुन्दर और क्रूर चेहरे मशहूर हैं दूर दूर तक
देसी इलाक़ों में

चेहरे वाक्य हैं कहानियाँ किताबें कविताएँ आवाज़ें हैं
उन्हें देखो उन्हें सुनो
मसनद लगाए हुए व्यक्ति ने बार बार कहा है
तुम उनमें से एक हो
पर उसका मतलब है तुम और एक हो
सब चेहरे सुन्दर हैं पर सबसे सुन्दर है वह चेहरा
जिसे मैंने देर तक चुपके से देखा हो
इतनी देर तक कि मैंने उसमें और उसके जैसे
एक और चेहरे में अन्तर पहचाना हो

तू सुन्दर है
इसलिए नहीं कि डरी हुई है
तू अपने में सुन्दर है

वह आकर बैठा धीरे से
घूरने लगा घबराया सा
मेरे यंत्रों को मुझसे आँख चुरा
वे अद्‌भुत चमकीले डब्बे युद्ध के चित्र लेते थे
घाव का असल से बढ़िया रंग देकर के
कैमरे के उधर की बिलखती एक जाति के

और चौदह बरस के लड़के के दरमियान
मैं किसका प्रतिनिधित्व करता था

जादू भरा कैमरा वह छूना चाहता था
चौदह बरस की उम्र में वह जानना ही जानना चाहता था
उसे इतना कौतूहल था कि वह
अपनी निर्धनता को भूल गया
सहसा उसने जैसे मंत्रमुग्ध
दोनों हाथों से वह बक्सा उठा लिया
क्षण भर मैं डरा फिर अभिजात स्नेह से
कहा लो देखो मैं तुम्हें बतलाता हूँ
उसने एक बार कैमरे पर हाथ फेरा
और मुझे इतनी नफ़रत से देखा कि किसी ने
कभी नहीं देखा था

प्राचीन राजधानी अधमरे लोग
वही लोग ढोते उन्हीं लोगों को
रिक्शे में
पन्द्रह लाख आबादी दस लाख शरणार्थी
रिक्शे वाले की पीठ शरणार्थी की पीठ
एक सी दीखतीं
बस चेहरे हैं जैसे बलपूर्वक अलग अलग किए गए
एक बुढ़िया लपकी हुई जाती थी
पीछे पीछे चुप चलती थी औरत वह बहन थी
आगे आगे लाश पर पूरा कफ़न नहीं था
वे उसे ले जाते थे जल्दी जल्दी जला देने को

वह लड़की भीख माँगती थी दबी ढँकी
एकाएक दूसरी भिखारिन को वहाँ देख

वह उस पर झपटी
इतनी थोड़ी देर को विनय
इतनी थोड़ी देर को क्रोध
जर्जर कर रहा है उसके शरीर को

अपने बच्चों का मुँह देखो इस साल
और अगले साल के लिए उनके पुराने कपड़े तहाकर रख लो
उनकी कहानी का अन्त आज ही कोई जान नहीं सकता है।

फूलमाला हाथों में

जब हत्यारे सारे शब्दों को
तोड़ लेंगे

तब वे अपने अपने मित्रों को
मार देंगे

एहतियातन

फूलमाला हाथों में
बच्चों के

काले काले हाथों में
बच्चों के

दुबले पतले बच्चों के
हाथों में

हत्यारे पालम से आकर उतरे हैं
पालम पर

बच्चे उनसे काफ़ी दूर बैठे हैं
पालम पर

टेलिविज़न
दूरबीन से
पहचान कर
ले आएगा
एक हत्यारे और एक बच्चे को
तसवीर में
बच्चा उससे पूछेगा जब आप इतने प्यारे हैं
तो आप इतने डरे हुए क्यों?

ग़ुलाम स्वप्न

एक बड़े खँडहर की ऊपर की मंज़िल में
दो लड़कियाँ दिखाई दीं
एक धारीदार कमीज़ पहने खड़ी थी
एक गाल पर हाथ धरे बैठी थी
वह एक सफ़ेद साड़ी पहने थी

छोटी ने मुझको पहचाना
बाबू
बड़ी के भरे चेहरे को तब धीरे धीरे मैंने जाना
बेटी

वे क़ैदखाने में थीं अपने बाप को
हत्या में मदद पहुँचाने के जुर्म में

फिर मैंने देखा कि मैंने एक कमरे में
एक आदमी को गिरकर मरते हुए देखा है

मैंने बहुत बहस की कई दफ़्तरों में
जाने क्यों सारा दारोमदार एक छाते पर था
मैं छटपटाया कि वह मेरा सिद्ध हो
पर उनको उसमें ख़ून लगा हुआ मिल गया

मुझे याद नहीं कि मेरा क्या हुआ
दोनों लड़कियों को जनमक़ैद मिली

कई बरस बीत गए

बड़ी उसी खँडहर में बैठी थी
वह तब से और बड़ी नहीं हुई थी
पर उसके चेहरे पर उम्र दिख रही थी
छोटी कहाँ है
जब मैंने पूछा
तो जाने किसने बताया कि वह अब नहीं है

वह भागी होगी
खिलखिलाती हुई
फिर अन्त में कहाँ कैसे हुआ होगा नहीं पता

मैं बूढ़ा हो गया

मैंने कहा इतने बरस बाद भी
सत्य यही है
मैंने हत्या नहीं की

वे ऊपर वाले कमरे में चले गए
और वहाँ बड़ी गोल मेज़ पर बैठा हुआ
उनके बीच वह भी था जिसको मैंने अपने
कमरे में मरते हुए देखा था

वे बहुत देर तक बातचीत करते रहे
मुझे पता नहीं चला

किस तरह के सबूत की उन्हें खोज है
सिर्फ़ यह सुना कि प्रश्न एक बड़े दायरे से जुड़ा है

मेरा कोई निर्णय नहीं हो सका
इससे कोई परेशान नहीं था
कोई एक निर्णय नहीं हो सका
इससे कोई परेशान नहीं था

उनके पास मेरी दो सन्तानें क़ैद थीं

(वे भी नहीं जानते थे कि एक कहाँ गई।)

हैं

संस्कृति मंत्री से कहा राजा ने देखो देखो मंत्री जी
हर एक विद्या के भीतर कितने प्राचीन कलारूप—
क्या तुम्हें यह उपयोगी नहीं दिखाई देता ?
क्यों नहीं तुम सैकड़ों कलाकार इसी काम पर लगा देते
कि वे उनमें से पुराने रूप लेकर नई रचनाएँ करें ?
क्या तुम नहीं समझ पाते कि यह उनको
एक अनिश्चित आगामी कल रचने से रोके रखने का
सरलतम ढंग है ?

यह समाज मर रहा है इसका मरना पहचानो मंत्री
देश ही सब कुछ है धरती का क्षेत्रफल सब कुछ है
सिकुड़कर सिंहासन भर रह जाए तो भी वह सब कुछ है
राजा ने मन में कहा जो राजा प्रजा की दुर्बलता नहीं
पहचानता
वह अपने देश को नहीं बचा सकता प्रजा के हाथों से

यह समाज मर रहा है : नकल अपनी ही नकल करता जा
रहा है
गाने में बजाने में पहनने में कुछ भी बनाने में यह उस
ज़रूरत की पवित्रता से तपाया हुआ निखरता नहीं जिससे
वह बनाता है
चाहे वह भजन की धुन हो चाहे स्मारक का शिलालेख

यह नहीं कि वह सिर्फ़ कृतित्वहीन है
बल्कि उन कम होते हुए लोगों को भी अधिकाधिक
बड़ा शत्रु मानता जा रहा है जो अब भी अपनी आग से
रचते हैं

और अपने लिए रचते हैं अपनी आग
इस तरह राजा ने सोचा एक बड़ी लड़ाई जारी है—
कितनी सुन्दर!—
और कहा उन कम होते हुए लोगों को संस्कृति मंत्रालय भी
अपना शत्रु माने सब समाज के साथ

जनता से उसने कहा मैं जानता हूँ बहुत गिर चुका है तुम्हारे
साथ

तुम्हारे विचारकों का व्यवहार
वे आते हैं और जहाँ काफ़ी जी लिये
जीवन को सब कोई एक से शब्दों में निस्सार बताकर चले
जाते हैं
उनकी शैलियों में वैविध्य भी अब तक नहीं रहा जो मुझे
रुचता था
इसलिए नौजवानों को पहले रोटी के बारे में सोचना चाहिए
और बाद में कुछ और जिसके लिए वक़्त बहुत पड़ा है
बुढ़ापे में
इतना प्रकट कहकर राजा स्वगत बोला—जैसा वह
अब भी कभी-कभी करता था—
जो बूढ़े हो चुके वे हो चुके ख़त्म
जो बूढ़े हो रहे हैं वे अभी ज़िन्दा हैं
जो जवान हैं और नतीजों पर पहुँच चुके हैं
वे भी ख़त्म हो चुके

जो जवान हैं और हर बार ग़लतियाँ कर के
जानते जा रहे हैं कि ग़लतियाँ क्या हैं
वे अभी ज़िन्दा हैं
जो अधमरे आदमी के चारों ओर पीटने वालों की भीड़ देख
मन में हिसाब बैठाते हैं कि अब वह बचेगा या नहीं
और बचता न दिखे तो ऐलान करते हैं कि एक नया आदमी
पैदा करना है साथियो
में ख़त्म हो चुके
जो अधमरा आदमी है वे ज़िन्दा हैं
वही देश के दुश्मन हैं—ज़ोर से बोला
जो लोग कम होते जा रहे हैं शत्रु हैं संस्कृति मंत्री ने कहा
जो लोग जो लोग जो लोग
कम होते कम होते कम होते
जा रहे जा रहे जा रहे
अन्त में उसने कहा हैं हैं हैं।

हा हा हा

स्वरलिपि : रघुवीर सहाय

स - ग - प - - - - - - -

हा ऽ हा ऽ हा ऽ ऽ ऽ ऽ ऽ ऽ ऽ

प - प - ध ध प - - - - - - - -

तुम ने मा ऽ र डा ले लो ऽ ऽ ऽ ऽ ऽ ऽ म

म - ग - रे - - - - -

हा ऽ हा ऽ हा ऽ ऽ ऽ ऽ ऽ

ग ग ग स रे रे स - - - - - - - -

तुम ने मा ऽ र डा ले लो ऽ ऽ ऽ ऽ ऽ ऽ म

स - ग - प - - - - - - - -

हा ऽ हा ऽ हा ऽ ऽ ऽ ऽ ऽ ऽ ऽ

गं - रें - सं - नि - - - - - - - -

क्योंकि वे हँसे ऽ थे ऽ ऽ ऽ ऽ ऽ ऽ ऽ ऽ

प - प - ध ध प - - - - - - - -

तुम ने मा ऽ र डा ले लो ऽ ऽ ऽ ऽ ऽ ऽ ग

म म ग स रे रे स - - - - - - - -

तुम ने मा ऽ र डा ले लो ऽ ऽ ऽ ऽ ऽ ऽ ग

स - ग - प - - - - - - -

हा ऽ हा ऽ हा ऽ ऽ ऽ ऽ ऽ ऽ ऽ

गं-रें-सं-नि-ध-------

क्योंकि वे ऽ मुऽस्त पड़े थे ऽ ऽ ऽ ऽ ऽ ऽ ऽ

प-प-ध ध प-------

तुम ने माऽ र डा ले लो ऽ ऽ ऽ ऽ ऽ ऽ ग

म म ग स रे रे स-------

तुम ने माऽ र डा ले लो ऽ ऽ ऽ ऽ ऽ ऽ ग

स-ग-प---------

हा ऽ हा ऽ हा ऽ ऽ ऽ ऽ ऽ ऽ ऽ

गं-रें-सं-नि-ध-प-म-

क्योंकि उन में जीने की ऽ आऽस न हीं र ही

ग-------

थी ऽ ऽ ऽ ऽ ऽ ऽ ऽ

ग-ग-ग ग ग-------

तुम ने माऽ र डा ले लो ऽ ऽ ऽ ऽ ऽ ऽ ग

म म ग स रे रे स-------

तुम ने माऽ र डा ले लो ऽ ऽ ऽ ऽ ऽ ऽ ग

स-ग-प-------

हा ऽ हा ऽ हा ऽ ऽ ऽ ऽ ऽ ऽ ऽ

म म ग स रे रे स-------

तुम ने माऽ र डा ले लो ऽ ऽ ऽ ऽ ऽ ऽ ग

स - ग - प - ध - नि नि स - -
क्योंकि वे बहुत सारे लो ऽग थे ऽ ऽ

\- - - - - -
ऽ ऽ ऽ ऽ ऽ ऽ

गं गं रें - सं - नि - ध नि
इस ही तरह के बहुत सारे

सं - - - - - - - - - - -
लो ऽ ऽ ऽ ऽ ऽ ऽ ऽ ऽ ऽ ऽ ग

□□□